BEI GRIN MACHT SICH IHR
WISSEN BEZAHLT

Verbesserung der Usability einer Software durch eine Simulationsphase vor der Markteinführung

Julian Winter

Bibliografische Information der Deutschen Nationalbibliothek:

Die Deutsche Nationalbibliothek verzeichnet diese Publikation in der Deutschen Nationalbibliografie; detaillierte bibliografische Daten sind im Internet über http://dnb.d-nb.de abrufbar.

ISBN: 9783346985354
Dieses Buch ist auch als E-Book erhältlich.

Druck und Bindung: Books on Demand GmbH, Norderstedt Germany
Gedruckt auf säurefreiem Papier aus verantwortungsvollen Quellen

Das vorliegende Werk wurde sorgfältig erarbeitet. Dennoch übernehmen Autoren und Verlag für die Richtigkeit von Angaben, Hinweisen, Links und Ratschlägen sowie eventuelle Druckfehler keine Haftung.

Das Buch bei GRIN: https://www.grin.com/document/1432173

Name: Julian Winter

Assignment

Verbesserung der Usability

Langtitel: Verbesserung der Usability von einer Software durch eine Simulationsphase
vor der Markteinführung

25.10.2023

Inhaltsverzeichnis

Abbildungsverzeichnis

Einleitung

Globalisierung und Digitalisierung beschleunigen das Wirtschaftswachstum, welches den Wohlstand der Bevölkerung erhält bzw. wachsen lässt. Um wirschaftlichen Erfolg nachhaltig zu garantieren besteht die Notwendigkeit, dass Waren und Dienstleitungen der Wirtschaftsunternehmen konkurrenzfähig und marktgerecht sind. Die steigende Dynamik ist zudem in zahlreichen Firmengründungen und Start-Ups zu beobachten, welche im Zentrum des Innovationswachstums stehen. Durch die Überschwemmung von Produkten und Dienstleistungen entsteht für Konsumenten ein Angebots- und Informationsüberhang. Unter anderem führt das erhöhte Angebot an Produkten und Dienstleistungen zu hohen Flop-Raten[1] im Bereich von 90%.[2] Gerade im Bereich der digitalen Güter, in denen Menschen als Benutzer mit Systemen interagieren, zeigen sich Probleme in der Systembenutzung als möglicher Grund für einen Produkt-Flop - Hierzu können ein negatives Nutzererlebnis, technisches Versagen oder Konstruktionsfehler der gestalterischen Gegebenheiten gehören. Eine benutzerfreundliche Gestaltung der Software hilft somit den Usern zu erkennen, wie ein System zu bedienen ist.[3] Neben der Hauptfunktionen einer Software bildet die Usability somit einen entscheidenden Erfolgsfaktor.

In dieser Ausarbeitung wird die Simulationsphase vor der Markteinführung in einem Entwicklungsprozess einer Software im Hinblick auf die Usability betrachtet. Diese Phase wird als empirisches Forschungsprojekt aufgesetzt.

Zielsetzung ist es zu klären, wie insbesondere das Forschungsdesign und die Forschungsdurchführung in einem empirischen Forschungsprojekt unter wissenschaftlichen Betrachtungen aufgesetzt werden können.

Um diese Zielsetzung zu erreichen folgen nach dieser Einleitung grundlegende Einordnungen zu den Themen Usability, Usability Engineering bzw. Usability Testing. Im weiteren Verlauf wird die Betrachtung auf empirische Forschungsprojekte gelenkt. Hier liegt der Fokus in den Phasen Forschungsdesign und Forschungsdurchführung. Das dritte Kapitel beschreibt den Szenario-Aufbau einer Usability-Prüfung und gibt somit Aufschlüsse über ein mögliches Forschungsprojekt in Bezug auf die Aufgabenstellung. Im

---

[1] Verhältnis zwischen Produkten, die in den Phasen vor oder nach der Markteinführung gescheitert sind mit der Zahl der insgesamt am Markt neu platzierten Produkte.
[2] Vgl. Magerhans, Peinert-Elger, 2023, S. 7f.
[3] Vgl. Magerhans, Peinert-Elger, 2023, S. 11.

letzten Teil werden die zuvor erarbeiteten Ergebnisse zusammengefasst, Rückschlüsse gezogen und mit einem Fazit wird diese Ausarbeitung abgeschlossen.

Zur sprachlichen Darstellung folgt an dieser Stelle der Hinweis:
Um eine bessere Lesbarkeit zu gewährleisten, wurde im Text auf die geschlechtsbezogene Formulierung verzichtet. Es sind selbstverständlich immer alle Geschlechter gemeint, obwohl nur eines der Geschlechter angesprochen wird.

1 Grundlagen zum Thema Usability

Um in die Problemstellung erfolgreich zu bearbeiten werden in diesem Kapitel Grundlagen rund um das Thema Usability diskutiert. Hierfür wird der Begriff Usability definiert und Einordnungen zum Usability Engineering und Usability Testing vorgenommen.

1.1 Der Begriff Usability

Die Benutzbarkeit eines Produkts bewegt sich in verschiedenen Dimensionen. So kann sie kompliziert oder intuitiv, leicht oder schwer verständlich bzw. effizient oder eher mühsam sein. Die Ausprägung der Benutzbarkeit unterstützt oder konkurriert mit der Denkweise der Nutzer. Hinter dem Begriff Usability steht im engeren Sinne das Gütekriterium des Designs der Benutzeroberfläche. Als Qualitätskriterien dienen insbesondere bei Softwareprodukten z. B. die Deutlichkeit der angezeigten Dialoge und Ausdrücke, die Anordnung der Bedienelemente oder die Zahl der benötigten Klicks. Eine gute Usability weist eine Software auf, wenn diese von den potenziellen Nutzern leicht erlernbar und effizient genutzt werden kann. Somit lassen sich die angestrebten Aufgaben und Ziele der User erfolgreich erreichen. Die Usability einer Software wird also im Kontext seiner Verwendung gesehen werden. Neben einem stimmigen User Interface stehen selbstverständlich die passenden Funktionen bei der Zielerreichung der Nutzer im Fokus. Zusammengefasst steht Usability dafür, wie gut User ein Werkzeug (Software) in einem spezifischen Umfeld zur Durchführung ihrer Aufgaben und Ziele einsetzen können.[4]

---

[4] Vgl. Richter, Flückiger, 2016, S. 10f.

1.2 Usability Engineering

Das Usability Engineering spiegelt den Prozess wider, der die spätere Benutzbarkeit des Systems gewährleistet und synchron zu der konventionellen Planungs- und Entwicklungszeit durchlaufen wird. In jedem Projektfortschritt prüfen Experten für Usability wiederkehrend die Systemkonformität gegenüber den festgelegten Zielen und Bedürfnisse der späteren Nutzer. Wenn Abweichungen von den Soll-Anforderungen identifiziert werden, müssen Projektschritte im Prozess nachgebessert oder repetiert werden. Vor allem nach dem Launch eines Software-Produkts zahlt sich die verbesserte Usability durch eine frühzeitige Einbindung des Usability Engineerings aus. In frühen Projektphasen bedeutet die Einbindung der Nutzerfreundlichkeit in den Entwicklungsprozess in erster Instanz allerdings Mehrkosten. Das Usability Engineering endet nicht nach dem Launch eines Software-Produkts. Vielmehr handelt es sich um einen fortlaufenden Prozess, der kontinuierliche Optimierungen oder auch Benutzer-Sensibilisierung beinhaltet, sodass u. a auch die optimalen Zeitpunkte für Relaunches thematisiert werden. [5] In der folgenden Grafik sind die Phasen des Usability Engineering dargestellt. Im Szenario in Kapitel 3 bzw. in der Aufgabenstellung dieses Ausarbeitung befindet sich eine Software in einer Simulationsphase vor Markteintritt, um ggfls. noch kurzfristige Änderungen an der Usability vorzunehmen. Lt. der hier vorliegenden Phasen würde sich das Projekt am Ende der Entwicklungsphase befinden.

Anmerkung der Redaktion: Die Abbildung wurde aus urheberrechtlichen Gründen entfernt.

Abbildung 1: Usability Engineering Lifecycle[6]

---

[5] Vgl. o. V. – Hrsg. M8 SYNN GmbH, 2023.
[6] o. V. – Hrsg. M8 SYNN GmbH, 2023.

1.3 Usability Testing

Um die nutzerzentrierte Denkweise vor einer Markteinführung in Bezug auf die Usability abzuprüfen, eignet sich ein Usability-Test mit Test-Anwendern. Eine reine Evaluation durch Experten ist oft nicht ausreichend, denn es lassen sich nicht alle möglichen Usability-Probleme antizipieren. In einem Usability-Test wird das Software-Konzept in Bezug auf die relevantesten User Stories und Szenarien überprüft. Um die Ergebnisse bestmöglich zu gestalten, werden vor dem Usability-Test zu klärende Fragestellungen gesammelt. Oft wird diese Tätigkeit durch die Rolle des User-Researchers durchgeführt. Hierbei sind Fragestellungen, wie „Versteht der Nutzer das Konzept?" oder „Kommen die Nutzer zu jeder Zeit gut ans Ziel?" von Relevanz. Hilfreich für nutzbare Ergebnisse aus den Usability-Tests sind gut vorbereitete Test-Szenarien mit konkreten Handlungsanweisungen. Weiterhin ist es wirksam die Test-User bei der Durchführung der Szenarien zu beobachten und hierbei ein sinnhaftes Maß zwischen Nutzerkommunikation und stillem Beobachten zu finden.[7]

2 Empirisches Forschungsprojekt

Dieses Kapitel setzt sich mit den Themen rund um empirische Forschungsprojekte auseinander. Hierfür werden die Begriffsbestimmungen zu „Projekt" und „Empirie" vorgenommen sowie die Phasen Forschungsdesigns und Forschungsdurchführung geklärt. Die Erkenntnisse werden im Szenario im folgenden Kapitel aufgegriffen.

2.1 Die Begriffe Projekt und Empirie

Der Begriff Projekt ist in der DIN 69901 definiert als „Ein Projekt ist ein Vorhaben, das im Wesentlichen durch die Einmaligkeit der Bedingungen in ihrer Gesamtheit gekennzeichnet ist, wie z. B. Zielvorgabe, zeitliche, finanzielle, personelle und andere Begrenzungen, Abgrenzung gegenüber anderen Vorhaben und projektspezifische Organisation." Hieraus lässt sich ableiten, dass in einem Projekt ein konkretes Ziel innerhalb eines Zeitlimits mit einem festen Budget durch ein festgelegtes Team erreicht werden soll. Dies erfordert eine spezielle Organisationsstruktur und ist durch die Einzigartigkeit der Aufgabe gekennzeichnet.

---

[7] Vgl. Weichert, Quint, Bartel, 2021, S. 188f.

Empirie im Allgemeinen und auch im Kontext betriebswirtschaftlicher Fragestellungen beschäftigt sich mit der Prüfung theoretischer Aussagen mithilfe von realen Beobachtungen bzw. mit der Aufstellung von Theorien auf Basis gesammelter Erfahrungen. In der betriebswirtschaftlichen Forschung explizit werden Datenerhebungen durch Experimente, Interviews, Beobachtungen durchgeführt, um theoretische Konstrukte zu bestätigen, zu erstellen oder zu verändern. In der Wissenschaft steht die Empirie in einer engen Verbindung zu theoretischen Erkenntnissen, denn hierdurch lässt sich bisheriges Wissen prüfen, erweitern oder verwerfen. Die umfassende Dokumentation der Vorgehensweise ist beim empirischen Arbeiten als mandatorisch zu sehen, damit die Forschungsergebnisse nachvollzieh- und überprüfbar sind. In der BWL als Wissenschaft unterstützt die Empirie die Wiederholbarkeit von Ergebnisse oder die Falsifizierbarkeit von Aussagen. Dies bekräftigt die Notwendigkeit empirischer Forschung in der Betriebswirtschaftslehre.[8]

Ein empirisches Forschungsprojekt beinhaltet schließlich, wie oben aufgezeigt, die Eigenschaften eines Projekts und weiterhin wird die Zielsetzung verfolgt theoretische Konstrukte, wie Hypothesen, mithilfe der Realität abzugleichen oder aufzustellen. Um die Verbindung zwischen Theorie und Praxis herzustellen, eignen sich Methoden aus der empirischen Forschung. Der Zusammenhang lässt sich in der Darstellung von Kuß und Eisend (Abbildung 2) visualisieren. Detaillierter wird auf die Thematik im folgenden Abschnitt zum Forschungsdesign eingegangen.

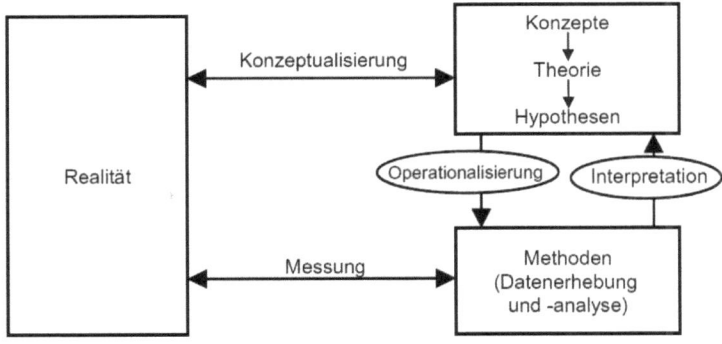

Abbildung 2: Grundmodell der empirischen Forschung[9]

---

[8] Vgl. Eisend, Kuß, 2021, S. 20f.
[9] Vgl. Eisend, Kuß, 2021, S.167.

2.2 Forschungsdesign

Die vielseitigen, charakteristischen Merkmale in Bezug auf Kontext, Methoden, Multiperspektivität von Fallstudien oder Experimenten in empirischen Forschungsprojekten erfordern eine gründliche Planung und Vorbereitung. Der Erstellung des Forschungsdesigns bzw. die konzeptionelle Vorbereitung der Studie unterliegt einer erhöhten Aufmerksamkeit, um später geeignete Ergebnisse zu erzielen.[10] Das Forschungsdesign als Phase der Planung und Vorbereitung des Forschungsprojekts bildet den Rahmen bzw. Leitfaden für den gesamten Forschungsprozess und bildet die Grundlage für die ein erfolgreiches Forschungsprojekt.

Als ersten Aspekt und Voraussetzung bei empirischen Forschungsprojekten ist die **Abgrenzung des Forschungsthemas** sowie die **Formulierung der Forschungsfrage/n** in der Phase des Forschungsdesigns herauszuarbeiten. Zum anderen steht die Wahl des **Fallstudientypus** bei der Erstellung eines Forschungsdesigns im Fokus. Hierbei ist zu klären, ob die Studie anwendungsorientierte Beiträge liefern soll - z. B. theoretische Deutungen abgleichen oder durch Vergleiche zu einer Analyse beitragen. Zweck der Studie könnte auch die deskriptive Beschreibung eines Untersuchungsfalls sein, um bereits bestehende konzeptionelle Ansätze zu untersuchen oder eine Theorie weiterzuentwickeln. Die nächste wesentliche Planungsaufgabe ist die Festlegung des **Untersuchungsfalls**. Dabei ist zu klären, auf welcher Ebene die Studie ansetzt. Im Unternehmenskontext können z. B. das Gesamtunternehmen, nur eine bestimmte Abteilung oder spezifische Beschäftigungsgruppen von Bedeutung sein. Hierzu sind Begründungen für die Eingrenzungen und ein Abgleich zwischen der Untersuchungsebene und der formulierten Forschungsfragen hilfreich. Der Untersuchungsfall ist weiterhin so zu konstituieren, dass sowohl theoretische Annahmen herausgefordert, als auch bestätigt werden können. Der ausgeführte theoretische Rahmen flankiert die inhaltliche Fokussierung auf die Ergebnisse maßgeblich.[11] Außerdem ist in der konzeptionellen Phase bei Erstellung des Forschungsdesigns der Zugang zu den Methoden festzulegen. So stehen **qualitative und quantitative Methoden**, insbesondere für die Erhebung zur Verfügung. Vor

---

[10] Vgl. Pflüger, Pongratz, Trinczek, Rainer, 2017, S. 396.
[11] Vgl. Pflüger, Pongratz, Trinczek, Rainer, 2017, S. 397f.

Beginn der Forschungsdurchführung sind darüber hinaus Überlegungen zur Aufbereitung und Auswertung der später gesammelten Daten vorzunehmen.[12]

Die **quantitative Forschungsmethode** nimmt die Realität als objektiv an und versucht diese mit kontrollierten Methoden erfassbar zu machen. Die Zielsetzung ist die Beschreibung von Verhaltensweisen durch Modelle oder numerischen Daten. Es wird eine elementaristische Vorgehensweise angewendet, sodass das Verhalten in messbare Einheiten aufgegliedert werden kann. Theoriegeleitet werden so über ein deduktives Vorgehen Daten erhoben, die den vorher festgelegten Gütekriterien entsprechen und primär der Überprüfung zuvor aufgestellten Theorien und Hypothesen dienen. In den **qualitativen Forschungsmethoden** wird die Realität mittels subjektiver Sichtweisen der relevanten Testpersonen abgebildet. Dies macht es möglich, Ursachen für das Verhalten aufzudecken und Verhaltensweisen zu verstehen. In den qualitativen Methoden steht das menschliche Subjekt im Mittelpunkt der Betrachtung und es werden standardisierte Untersuchungsinstrumente bzw. zu starre theoretische Annahmen vermieden. Aus diesen Gründen findet die Untersuchung größtenteils in alltäglichen Umgebungen statt.[13]

2.3 Forschungsdurchführung

Unter der Forschungsdurchführung wird im Wesentlichen der Prozess der Datenerhebung bis zur Existenz der noch nicht aufbereiteten Datensätze verstanden. Eine primäre Bedeutung in dieser Phase liegt auf dem sorgfältigen und fairen Umgang mit den Versuchspersonen. Zusätzlich beinhaltet diese Phase die ordnungsgemäße Durchführung der Stichprobenziehung für die Qualität der Untersuchungsergebnisse. Um die Belastungen der Versuchspersonen zu minimieren sind die **drei ethischen Prinzipien** Respekt, Wohlwollen und Gerechtigkeit gegenüber den Versuchspersonen zu berücksichtigen. Um die Einhaltung dieser Prinzipien zu gewährleisten, sind nach Eisend, Kuß die drei folgenden Aspekte hilfreich:[14]

-   Informiertes Einverständnis (Einverständnis der Versuchspersonen, sowie angemessene Informationsbasis über die Untersuchungsziele, Belastungen und Datenschutz; Korrespondiert mit dem ethischen Prinzip Respekt)

---

[12] Vgl. Röbken, Wetzel, 2016, S. 11.
[13] Vgl. Röbken, Wetzel, 2016, S. 13f.
[14] Vgl. Eisend, Kuß, 2021, S.306f.

- Abschätzung von Risiken und Nutzen (Korrespondiert mit dem ethischen Prinzip Wohlwollen)
- Auswahl der Teilnehmer*innen (Korrespondiert mit dem ethischen Prinzip Gerechtigkeit)

Zusätzlich zu den o. g. Aspekten sind in betriebswirtschaftlichen Datenerhebungen die weitestgehende Reduzierung des Untersuchungszeitraum und des Datenumfang auf ein notwendiges Minimum zu empfehlen. Weiterhin sollten in diesem Kontext die Gewährleistung der Anonymität der Versuchspersonen und die Vertraulichkeit von Daten eingehalten, sowie die Sicherstellung der freiwilligen Teilnahme und die Minimierung der Irreführung realisiert werden.[15]

Die zur Datenerhebung genutzten Methoden sind klassischerweise die Befragung, die Beobachtung und die Inhaltsanalyse.[16]

Die Methode der **Befragung** lässt sich als offen und standardisiert abgrenzen. Bei **offenen Befragungen** werden keine festen Antworten im Interview vorgegeben. Obwohl eine Vielzahl an qualitativen Verfahren vorliegen, dominiert die offene Befragung in der Forschungspraxis mit den oft genutzten Varianten Leitfaden- bzw. Experteninterviews. Bei offenen Befragungsformen wird vorab eine Liste an Fragen erstellt. Diese soll bei der Interview-Durchführung möglichst abgearbeitet, kann aber während des Verlaufs um weitere Fragestellungen erweitert werden.[17] Die **standardisierte Befragung** lässt sich den quantitativen Methoden zuordnen. Hier werden meist durch Fragebögen innerhalb einer repräsentativen Stichprobe zahlenmäßige Ausprägungen konkreter Merkmale gemessen. Die erhobenen Messwerte werden untereinander oder mit weiteren Variablen ins Verhältnis gesetzt bzw. aus dem Stichprobenumfang auf die realistische Menge bezogen. Jeder Befragte erhält bei dieser Methodik standardisiert und strukturiert exakt die gleichen Voraussetzungen bei der Datenerhebung (gleiche Reihenfolge, gleiche Bewertungsskala, etc.). So lässt sich eine Vergleichbarkeit der Antworten gewährleisten. Die standardisierte Befragung eignet sich besonders zur objektiven Messung von Sachverhalten für einen großen Stichprobenumfang, zur Hypothesenprüfung

---

[15] Vgl. Eisend, Kuß, 2021, S. 307f.
[16] Vgl. Häder, 2019, S. 199.
[17] Vgl. Baur, Blasius, 2022, S. 19.

oder für wiederholende Erhebungen bei denen Resultate unterschiedlicher Zeitpunkte vergleichen werden sollen.[18]

Die **Beobachtung** lässt sich im engeren Sinne als eine unmittelbare und direkte Registration der Erkenntnisse für den Forschungszusammenhang sehen. Die wesentlichen Elemente können Verhaltensweisen, Sprache, nonverbales Verhalten, wie Gestik und Mimik, oder soziale Merkmale sein. Im Gegensatz zu der alltäglichen Wahrnehmung beinhaltet ein beobachtendes Verhalten die Absicht selektiv und planvoll Kriterien zu identifizieren, die perspektivisch Möglichkeiten der Auswertung darstellen.[19]

Die **Inhaltsanalyse** wird in der Forschung als eine systematische Erhebung und ggfls. Aufbereitung von Kommunikationsinhalten gesehen. Als Inhalte können Texte, Bilder, Filme oder vergleichbare Träger relevanter Informationen gesehen werden. Nach der o. g. Logik der Befragung stellen sich Inhaltsanalysen als offen dar. Beispielweise lässt sich ein Zeitungsartikel zu einem Sachverhalt auf beinhaltete bzw. nicht beinhaltete Nachrichten, die durch den Kontext erwartbar gewesen wären, untersuchen.[20]

3 Szenario in der Software-Simulationsphase

Da die Aufgabenstellung keinen konkreten Anwendungsfall beschreibt, geht es in diesem Abschnitt um einen generell möglichen Aufbau der Usability-Prüfung einer Software vor Markteinführung unter wissenschaftlichen Gesichtspunkten. Im Fokus stehen das Forschungsdesign und die Forschungsdurchführung. Daher werden die möglichen Ausprägungen mit einer vorgeschalteten „Einführung" für die Aufgabenstellung beispielhaft dargestellt. Die daran anschließenden Phasen zur Analyse und Ergebnisaufbereitung im Forschungsprozess werden in dieser Ausarbeitung nur oberflächlich zusammengefasst und nicht detailliert herausgearbeitet.

Einführung

1. Hintergrund: Eine nicht weiter spezifizierte Software befindet sich im Entwicklungsprozess in der Qualitätssicherungsphase vor der Markeinführung (Release-

---

[18] Vgl. Berger-Grabner, 2022, S. 127.
[19] Vgl. Häder, 2019, S. 320.
[20] Vgl. Häder, 2019, S. 342.

phase) und ist voll funktionsfähig. In dieser Phase besteht die Möglichkeit die Benutzerfreundlichkeit der Software zu überprüfen und ggfls. nötige Anpassungen noch vor der Markteinführung zu realisieren.

2. Forschungsziel: Das empirische Forschungsprojekt verfolgt die Zielsetzung die Usability der Software zu bewerten, Benutzerprobleme zu identifizieren und eine Optimierung der Software noch vor dem Eintritt in den Markt möglich zu machen. Das Vorhaben mindert die Wahrscheinlichkeit eines Produkt-Flops[21].

3. Ethik und Datenschutz: Wie in Abschnitt 2.3 ausgeführt, ist die Einhaltung der drei genannten ethischen Prinzipien in den Phasen Forschungsdesign und der späteren Forschungsdurchführung zu berücksichtigen.

Forschungsdesign

1. Fallstudientypus: Für die Untersuchung ist eine explorative Fallstudie zu empfehlen. Denn es werden nicht voraussagbare, unbekannte Verhaltensweisen der Probanden im Zusammenspiel mit der Software bei der Durchführung der Usability-Tests erkundet, um möglichst ein Verständnis der Handlungsweisen abzuleiten. Weiterhin wird hierbei induktiv über die Einzelfälle (Beobachtung bzw. Interview einzelner Probanden) auf allgemeine Erkenntnisse geschlossen.[22]

2. Forschungsmethode: Methodisch werden Usability-Tests einer Software mit Probanden unter realistisch erzeugten Bedingungen durchgeführt. Zur Datenerhebung werden hauptsächlich qualitative Methoden genutzt, um subjektive Sichtweisen der Testpersonen abzubilden und Ursachen für die Verhaltensweisen herauszufinden. Zur Gewinnung der Erkenntnisse werden methodisch die Beobachtung der Usability-Tests inkl. Dokumentation der Interaktionen, Reaktionen und Schwierigkeiten sowie die anschließende Benutzerbefragung mittels Interviews bzw. standardisierter Fragebögen eingesetzt.

3. Forschungsfragen: Die Formulierung der Forschungsfragen für die Fallstudie sollte klar und spezifisch sein und eine genauere Beleuchtung der Usability der Software möglich machen. Beispiele für die Forschungsfragen:

---

[21] Vgl. Fußnote 1.
[22] Vgl. Berger-Grabner, 2022, S. 120f.

a. Wie effektiv können User grundlegende Aufgaben mit der Software durchführen?

b. Welche Benutzeroberflächen- und Interaktionsprobleme treten während der Software-Nutzung auf?

c. Wie zufrieden sind die User mit der Leistung der Software in Bezug auf Geschwindigkeit und Reaktionsfähigkeit?

d. Gibt es innerhalb der Software Bereiche, in denen die Benutzer Orientierungsschwierigkeiten haben?

e. Gibt es unnötige Schritte oder Hindernisse, die die Benutzer daran hindern, Aufgaben effizient auszuführen?

4. Stichprobenumfang: Der Umfang der Stichprobe ist sehr projektabhängig zu bestimmen und steht z. B. unter Einfluss des Budgets oder der Größe der Software.

5. Auswahl der Testanwender: Als Testanwender eignen sich Personen, die tatsächliche Endnutzer repräsentieren. Die Kriterien für die Auswahl können z. B. durch Demografie oder Erfahrungsniveau festgelegt werden.

6. Unabhängige Variablen: In diesem Fall ist die Softwareversion, die kurz vor der Markteinführung steht, als unabhängige Variable anzusehen.

7. Abhängige Variablen: Zur Messbarkeit der Usability werden unterschiedliche Metriken festgelegt. Als Beispiele können die Nutzerzufriedenheit, die Anzahl der Fehler, die Durchführungszeit für Aufgaben oder eine Erfolgsrate sein.

8. Randomisierung: Um Verzerrungen zu minimieren werden den Testanwendern zufällig verschiedene Aufgaben für die Usability-Tests zugewiesen.

Forschungsdurchführung

1. Ort: Die künstliche Testumgebung sollte sich möglichst an der alltäglichen Umgebung orientieren.

2. Aufgaben/Szenarien: Grundlage für die Gestaltung der Test-Szenarien des Usability-Tests sind die typischen Aufgaben, die die Software unterstützen/erledigen soll. Weiterhin sind die Szenarien für die User klar beschrieben bzw. dokumentiert und sollten möglichst unterschiedliche Aspekte der Software abdecken, um somit eine Vielfalt an Benutzerinteraktionen darzustellen. Mit einer kleinen

Gruppe von Probanden ist ein Pilot-Test der kreierten Aufgaben/Szenarien empfehlenswert, um so mögliche Anpassungen vor dem Haupttest vorzunehmen.

3. Prozedur der Fallstudie:

a. Als erstes wird den Probanden nach einer Einleitung in die Untersuchung der Ablauf des Usability-Tests mitgeteilt. Zudem wird eine Einverständniserklärung zur Test-Teilnahme und Beobachtung eingeholt. Bei manchen Projekten ist zudem eine Verschwiegenheitserklärung sinnvoll. Als Anreiz für die Teilnahme bzw. als Aufwandsentschädigung erhalten die Probanden in der Regel eine Incentive-Zahlung in Form einer Belohnung oder Bezahlung. Bei einem Test einer Shopping-Website kann dies ein z. B. auch ein Budget für den Test sein.[23]

b. In der Durchführung bearbeiten die Test-User die zugeteilten Aufgaben/Szenarien in der Software. Für die Reihenfolge der Abarbeitung ist ein Start mit einfachen Aufgaben für die Probanden hin zu komplexeren Szenarien sinnvoll. Um objektive Informationen zu gewinnen wird die Durchführung durch einen Usability-Experten beobachtet, dieser tritt falls möglich nicht in Erscheinung. Die Beobachtung ist insbesondere nützlich, wenn die Tester in einem natürlich geschaffenen Umfeld agieren und mit zugeteilte Aufgaben mithilfe von Software lösen.[24] Die Erkenntnisse, z. B. alle relevanten Interaktionen oder Probleme, des beobachtenden Usability-Experten werden systematisch dokumentiert und stellen den ersten Teil der Datenerhebung dar.

c. Nach der Durchführung der Usability-Tests steht die weitere, systematische Erhebung der gesammelten Erkenntnisse der Probanden im Fokus der Betrachtung. Wie in Abschnitt 2.3 ausgeführt, eignet sich nach dem Usability-Test die Befragung. Je nach Größe der Stichprobe können quantitative bzw. qualitative Ergebnisse erzeugt werden. Bei besonders umfangreichen Stichproben gibt ein standardisierter Fragebogen die Möglichkeit objektiv eine Vergleichbarkeit der Antworten zu gewährleisten und Messwerte ins Verhält-

---

[23] Vgl. Jacobsen, 2018.
[24] Vgl. Magerhans, Peinert-Elger, 2023, S. 65f.

nis zu setzen. Bei eher kleineren Stichproben lassen sich auch über Leitfadeninterviews qualitative Ergebnisse erzeugen, die je nach Verlauf der Gespräche gezielt um weitere Fragestellungen ergänzt werden können.

Analyse und Ergebnisse

1. Datenanalyse: Nachdem die Daten in der Durchführung erhoben wurden, lassen sich die Rohdaten z. B. über die Berechnung von Durchschnittswerten zusammenfassen. Diese Phase der Datenreduktion liefert als Output die Zusammenfassung der Befragungs-/Beobachtungsergebnisse. Falls mehrere Usability-Tests durchgeführt werden, z. B. vor und nach Anpassungen der Software, sollten in einer Phase der statistischen Analyse die zusammengefassten Daten miteinander vergleichen werden.

2. Ergebnisdarstellung: Um die Ergebnisse z. B. zur Präsentation bei den Auftragsgebern oder sonstigen Entscheidern aufzubereiten ist die Nutzung von geeigneten Diagrammen, Tabellen oder beschreibenden Texten nützlich. Auch die Interpretation der Ergebnisse gerade im Hinblick auf die zuvor gestellten Forschungsfragen und das Zusammentragen der spezifischen, durch die Tests identifizierten Usability-Probleme sollten in der Präsentation der Ergebnisse aufgezeigt werden.

3. Schlussfolgerungen: Aus den zusammengestellten Ergebnissen sind konkrete Empfehlungen für die Anpassung und Verbesserung der Software abzuleiten, um die Usability durch die Entwickler noch vor dem Markteintritt zu verbessern.

4 Zusammenfassung und Fazit

In dieser Ausarbeitung wurde in der Einleitung in die Relevanz der Usability von Software in Bezug auf den Markerfolg hingeleitet. Weiterhin wurde die Zielsetzung und die Problemstellung rund um die Aufgabenstellung beschrieben. Der erste Teil lieferte eine Rundumsicht in die Grundlagen zum Thema Usability. Der zweite Abschnitt befasste sich im Kontext empirischer Forschungsprojekte mit den Begrifflichkeiten „Projekt" und „Empirie" und durchleuchtete die theoretischen Ansätze in den Phasen Forschungsdesign und Forschungsdurchführung. Im vorherigen Kapitel wurde für das Szenario einer Fallstudie in der Software-Simulationsphase vor Markteinführung ein möglichen Aufbau der Usability-Prüfungen aus Sicht des Verfassers beschrieben und mit den zuvor erarbeiteten wissenschaftlichen Gesichtspunkten verknüpft.

Die Software wurde in der Aufgabenstellung nicht detailliert spezifiziert, sodass zu den Rahmenbedingungen wie den Ressourcen oder der Zeitplanung des Projekts wenig Erkenntnisse geliefert werden konnten. Allerdings konnte durch den Theorieteil ein genereller Aufbau und Ablauf des empirischen Forschungsprojekt kreiert werden. Dieses bewegt sich in einem explorativem Fallstudientypus mit einem Methodenmix aus Beobachtung bei der Durchführung und der anschließenden Befragung. Hierbei ist bei wiederholenden Usability-Tests im Laufe des Entwicklungsprozesses und größeren Stichproben tendenziell zur besseren Datenvergleichbarkeit die standardisierte Befragung zu favorisieren. Bei kleineren Umfängen eignen sich Interviews auf Leitfadenbasis, die eine subjektiven Datenerhebung ermöglicht und die Interaktionen zwischen Software und Mensch intensiver aufzeichnet. Einer Erfüllung der in der Einleitung erläuterten Zielsetzung konnte demnach größtenteils durch diese Ausarbeitung nachgegangen werden.

Es lässt sich abschließend festhalten, dass jeder unternommene Test zur Usability besser als gar kein Test. Denn damit lassen sich empirische Grundlagen für die Optimierung der Anwendung schaffen. Hierbei gilt im Entwicklungsprozess der Software: „Test early, test often". Um die Ergebnisse allerdings möglichst repräsentativ zu gestalten kommen die Testpersonen idealerweise aus der Zielgruppe der Software[25]

Zukünftig lässt sich eine wachsende Bedeutung von Usability-Tests annehmen, da immer mehr Produkte am Markt platziert werden und so die Konkurrenz zunimmt. Daher ist es wichtig, dass Unternehmen und Entwickler diese Tendenz erkennen und die Thematik in den Entwicklungsprozess integrieren.

---

[25] Vgl. Jacobsen, 2018.

Literaturverzeichnis

[1] Baur, Nina ; Blasius, Jörg:

Methoden der empirischen Sozialforschung : Ein Überblick (S. 1 - 32) in Handbuch Methoden der empirischen Sozialforschung. Hrsg. Baur, Nina ; Blasius, Jörg. Berlin Heidelberg New York: Springer-Verlag, 2022.

[2] Berger-Grabner, Doris:

Wissenschaftliches Arbeiten in den Wirtschafts- und Sozialwissenschaften : Hilfreiche Tipps und praktische Beispiele. Wiesbaden: Springer Fachmedien Wiesbaden GmbH, 2022.

[3] Eisend, Martin ; Kuß, Alfred:

Grundlagen empirischer Forschung : Zur Methodologie in der Betriebswirtschaftslehre. Berlin Heidelberg New York: Springer-Verlag, 2021.

[4] Häder, Michael:

Empirische Sozialforschung : Eine Einführung. Berlin Heidelberg: Springer Science & Business Media, 2019.

[5] Jacobsen, Jens:

In-House Usability Tests: der komplette Leitfaden. Hrsg. TestingTime AG. 2018, https://www.testingtime.com/blog/usability-test/, (abgerufen am 24.10.2023).

[6] Magerhans, Alexander ; Peinert-Elger, Cassandra:

Quick Guide Usability : Wie Sie Produktflops vermeiden und eine nutzergerechte User Experience schaffen. Wiesbaden: Springer Fachmedien Wiesbaden GmbH, 2023.

[7] o. V. – Hrsg. M8 SYNN GmbH:

Usability Engineering in Handbuch Usability – Leitfaden für bessere Website Performance. 2023, https://www.handbuch-usability.de/usability-engineering/, (abgerufen am 25.09.2023).

[8] Pflüger, Jessica ; Pongratz, Hans J. ; Trinczek, Rainer:

Fallstudien in der Organisationsforschung (S. 389 – 413) in Handbuch Empirische Organisationsforschung. Hrsg. Liebig, Stefan ; Matiaske, Wenzel ; Rosenbohm, Sophie. Berlin Heidelberg New York: Springer-Verlag, 2017.

[9] Richter, Michael ; Flückiger, Markus D.:

Usability und UX kompakt : Produkte für Menschen. Wiesbaden: Springer Berlin Heidelberg, 2016.

[10] Röbken, Heinke ; Wetzel, Kathrin:

Qualitative und quantitative Forschungsmethoden. Hrsg. von Ossietzky, Carl Universität Oldenburg - Center für lebenslanges Lernen C3L. Oldenburg. 2016.

[11] Weichert, Steffen ; Quint, Gesine ; Bartel, Torsten:

Quick Guide UX Management : So verankern Sie Usability und User Experience im Unternehmen. Berlin Heidelberg New York: Springer-Verlag, 2021.